매달 아이를 그립니다

한 달에 한 장씩 그림으로
아이를 기록하다.

배 소 현

오늘의 기록

엄마의 기록이
주원이에게 소중한 추억이 되길

차례

[들어가며]   10

만 24개월	노랑 미니카	15
만 25개월	멍멍이 인형	17
만 26개월	IKEA 기차놀잇감	19
만 27개월	〈뽀롱뽀롱 뽀로로〉의 크롱	21
만 28개월	양말 갈아신기	23
만 29개월	수수깡+듀플로 꽃=마법봉	25
만 30개월	속초 여행	27
만 31개월	차 엠블럼	29
만 32개월	방구	31
만 33개월	거북이 목욕 놀잇감	33
만 34개월	〈로보카 폴리〉의 로이	35
만 35개월	열매 따기	37
만 36개월	낚시 놀잇감	39
만 37개월	눈사람	41
만 38개월	스테고사우루스 공룡 놀잇감	43
만 39개월	색종이 접고 오리기	45
만 40개월	킥보드	47
만 41개월	종이 벽돌	49
만 42개월	변기에서 배변 훈련	51

만 43개월	탱탱볼	53
만 44개월	콘플레이크	55
만 45개월	〈출동! 슈퍼윙스〉의 제롬	57
만 46개월	자전거	59
만 47개월	알파벳과 숫자	61
만 48개월	그림 그리기	63
만 49개월	딱지 접기	65
만 50개월	포스트잇과 형광펜	67
만 51개월	아빠 펜 숨겨놓기 놀이	69
만 52개월	'한국을 빛낸 100명의 위인들' 카드	71
만 53개월	〈꼬마버스 타요〉의 스피드와 샤인	73
만 54개월	시계 보기	75
만 55개월	자기 이름 쓰기	77
만 56개월	〈미키의 클럽하우스〉의 도널드덕	79
만 57개월	〈따개비루〉	81
만 58개월	종이비행기 1	83
만 59개월	제주도 여행	85
만 60개월	〈엉덩이탐정〉	87
만 61개월	레고	89
만 62개월	주원이 그림	91
만 63개월	코로나와 마스크	93

만 64개월	주원이의 기지	95
만 65개월	〈라인프렌즈〉	97
만 66개월	첫 발치	99
만 67개월	색종이 접기	101
만 68개월	〈요괴메카드〉 요괴볼	103
만 69개월	글씨 읽기 1	105
만 70개월	루미큐브	107
만 71개월	뽑기	109
만 72개월	7살 생일	111
만 73개월	글씨 읽기 2	113
만 74개월	고무줄 공예	115
만 75개월	어린이집 졸업	117
만 76개월	초등학교 입학	119
만 77개월	카메라	121
만 78개월	〈어몽어스〉	123
만 79개월	종이비행기 2	125
만 80개월	팽이	127
만 81개월	길고양이	129
만 82개월	〈BT21〉의 슈키	131
만 83개월	부산 광안대교	133
만 84개월	안경 그리고 생일	135

만 85개월	〈나 홀로 집에 1〉 감상	137
만 86개월	용돈	139
만 87개월	축구	141
만 88개월	시 〈쉬는 시간〉	143
만 89개월	보스턴 다이나믹스	145
만 90개월	동네 친구들과 함께 캠핑	147
만 91개월	홍제동 '신기한 놀이터' 기구	149
만 92~93개월	제주에서 보낸 여름	151
만 94개월	구구단	153
만 95개월	줄넘기	155
만 96개월	친구들과 첫 생일파티	157
만 97개월	첨성대	159
만 98개월	셋이 영화관에서 〈슬램덩크〉 관람	161
만 99개월	김밥 두 줄	163
만 100개월	100개월	165
만 101개월	합기도	167
만 102개월	감기	169
만 103개월	〈포켓몬GO〉	171
만 104개월	시인 김주원	173
만 105개월	영단어장	175
만 106개월	카누	177

만 107개월	어려운 수학 공부	179
만 108개월	닌텐도 스위치	181
만 109개월	엄마랑 영화관에서 〈엘리멘탈〉 관람	183
만 110개월	엄마랑 출근	185
만 111개월	일본여행 중 〈포켓몬GO〉	187
만 112개월	4학년	189
만 113개월	각도 구하기	191
만 114개월	〈즐거운 육아를 추구합니다〉 출간	193
만 115개월	젤라또	197
만 116개월	배드민턴	199
만 117개월	야구	201
만 118개월	국가유산 방문코스 방문자여권 스탬프	203
만 119개월	비염	205
만 120개월	홍게	209

[나가며] 210

[들어가며]

 어릴 때부터 그림 그리는 걸 좋아했다. 유치원 시절 그림을 보면 공주님 드레스의 레이스 장식, 하트 귀걸이 등 세밀한 표현력이 놀랍다. 초등학교 때 동생이랑 같이 다니던 미술 학원도 참 좋아했다. 미술 학원과 관련된 즐거운 추억이 많았고, 중고등학교 때도 틈날 때마다 이런 저런 스케치를 했었다.

 고등학교 때는 진지하게 꿈에 그리던 미대에 진학해 볼까 싶어 입시 학원에 가서 미대 입학 관련 상담을 받기도 했다. 막상 진짜로 결정을 내려야 할 마지막 순간에 이과에서 예체능 계열로 옮기는 변화를 감당할 용기가 나지 않아서 '이과 공부를 계속 해서 갈 수 있는 과 중에 미대랑 가장 비슷한 건축학과를 가자(지금 생각해 보면 미대랑 가장 비슷한 과가 건축학과가 맞나 싶다)'고 생각하며 미대에 대한 마음을 접고 다시 나에게 익숙한 수능 공부에 매진했다.

 재수를 하다 우연히 '생활디자인학과'를 알게 되어 이것이 나의 운명이구나 싶어 입학하게 되었으나 디자인 공부를 하면서 이 길은 내 길이 아니라는 걸 깨닫고 쓸쓸해 하다가, '아동가족학'을 만나 그쪽 공부를 하며 아이들의 발달을 돕기 위한 교구 만드는 수업을 수강하며 다시 나의 미술에 대한 관심이 되살아났다.

   학교를 졸업한 후 교사가 된 이후에는 아이들이랑 미술영역에서 그림을 그리고 만들기를 하는 시간이 참 좋았다. 마음의 평안이 찾아오는 순간이었다. 아이들의 순수한 그림에 감동하고, 유아들의 독특한 표현력에 감탄했다. 아이들이 좋아하는 동물이나 공주 그림으로 그들의 마음을 얻어 분리불안도 떼고, 라포도 쌓고, 자연스럽게 대화도 많이 할 수 있어서 좋았다. 아이들을 위한 교구 제작, 교실 내 게시물을 만드는 것에도 큰 흥미를 느꼈다. 미술에 대한 흥미와 재주가 나의 첫 번째 직업에 긍정적인 영향을 끼쳤다.

   교사 일을 관두고 쉬는 동안에는 시간적 여유가 생겨서 내가 좋아하는 일들을 마음껏 하며 지낼 수 있었다. 그중에 하나가 그림을 그리는 것이었다. 이런 저런 재료를 시도해보다가 이전에는 많이 써본 적 없는 '아크릴 물감'의 매력을 알게 되었고 그때 정말 많은 그림을 그렸다. 임신 기간동안에는 그렇게 마음껏 그림을 그렸지만, 아이가 태어나고 나서는 물감을 꺼내어 펼쳐놓고 그림을 그리는 건 상상도 할 수 없었다. 그러다 아이가 조금씩 커가고 나도 엄마 역할에 조금씩 익숙해지면서 여유가 생겼고, 다시 내가 좋아하는 그림을 그리고 싶었다. 무슨 재료로 그림을 그릴까 생각하다, 시작과 마무리가 편한 색연필로 조금씩 그림을 그리기 시작했다.

아이가 두 돌을 앞둔 어느 가을날, 아이가 좋아하는 것들을 한 달에 하나씩 그려서 모으면 나중에 의미 있는 기념이 되겠다는 생각이 들었고, 그때부터 지금까지 한 달에 한 장씩 아이 그림을 그리고 있다. 그릴 소재가 너무 많아 어떤 주제를 골라 그릴까 고민하던 달도 있었고, '이번 달에는 대체 뭘 그리지, 진정 그릴 소재가 끝났단 말인가' 싶은 생각이 들 정도로 그릴 소재가 없었던 달도 있었지만(아이가 초등학생이 되니 그릴 소재를 찾는 게 더 어려웠다), 꾸준히 그림을 그리고 있다. 잘 그리려고 마음 먹으면 너무 부담이 될까 싶어서, 처음 그린 작업물이 마음에 들지 않더라도 그냥 그것으로 멈추고 있다. 그래서 날것의 느낌이 더 잘 살아있는 것 같고 오래 그릴 수 있었다고 생각한다.

내가 생각하는 나의 큰 장점은 '성실함과 꾸준함'이다. 성실하고 꾸준하게 기록을 남겨두니 소중한 추억이 되었다. 그리기 귀찮은 때도 있었지만, 나의 장점을 발휘하여 그럼에도 불구하고 그림을 그렸다. 돌아오지 않는 시간들을 그림으로 다시 만나며, 그때 아이의 모습이 떠올라 행복했다. 그 당시 아이의 모습이 지금도 보일 때는 새삼 신기하다. 아이를 키우며 열심히 살아온 삶이 있기에 지금 내 삶이 있다고 생각하며 돌아보니 모든 것이 감사하다.

 이 책의 주인공인 나의 아이 이름은 '김주원'이다. 주원이 그림은 두 돌 기록부터 시작되며, 각 그림 속에 있는 숫자는 아이의 월령이다. 아이의 유아동기 발달이 궁금한 분들에게는 조금이나마 궁금증을 해결해드리는 기회가 되고, 육아 동지들에게는 예전 육아의 추억을 떠올려 볼 수 있는 기회가 되면 좋겠다.

만 24개월
2016년 11월

노랑 미니카

그 당시 자동차를 엄청 좋아하던 주원이에게 이모가 여행을 다녀오면서 노랑 미니카를 선물해 주었고, 주원이는 그 빠방을 어디에나 들고 다녔다. 이 그림은 나의 첫 책 〈즐거운 육아를 추구합니다〉 표지에도 들어간, 의미가 큰 그림이다.

주원이의 자동차 사랑은 그 이후로도 꽤 오래 지속되었다.

주원이가 두돌쯤 말이 많이 늘어서 주원이와의 소통이 더 재미있어졌고, 그래서 수첩에 주원이가 날마다 새롭게 말하기 시작한 단어들을 적어 두었다. 두돌 주원이는 '앗뜨(앗 뜨거워)', '부엉(부엉이)', '조금', '주사', '있다', '없다', '맞아', '아냐' 등 두 글자로도 의미를 전달할 수 있는 능력을 갖고 있었다. 내가 하는 말을 더 많이 따라하는 모습을 보였고, 사용할 수 있는 동사의 수가 많이 늘었다고 기록되어 있다.

만 25개월   멍멍이 인형
2018년 12월

주원이가 좋아해서 갖고 다녔던 멍멍이 인형의 보드라운 감촉이 아직도 기억난다. 초등학교 5학년인 지금도 인형을 좋아하여, 예전에 좋아했던 인형들을 잘 버리지 못하고 아직 가지고 있다.

이 달에는 주원이가 '나무 숟갈', '만화 보자', '빠방 고쳐', '의자 앉어', '소금 착착'과 같이 단어와 단어를 연결할 수 있게 되었고 언어적 표현력이 더 풍성해졌다고 기록되어 있다.

만 26개월　　　　　IKEA 기차놀잇감
2017년 1월

　주원이는 자석으로 연결되는 기차를 붙이는데 큰 흥미를 보였고, 기차길을 구성하여 '치코코콕', '칙칙콕콕' 소리를 내며 기차를 굴렸다. 기차 놀이에 집중하던 귀여운 주원이의 모습이 생각난다.

만 27개월　　　〈뽀롱뽀롱 뽀로로〉의 크롱
2017년 2월

　주원이는 크롱을 '크동'으로 부르며 좋아했다. 뽀로로에서 유일하게 말을 못 하는 캐릭터인 크롱은 어린이들에게 인기가 좋다. 말을 잘 못하는 자기들과 닮기도 했고, 크롱이 다른 등장인물들과 비교해 '동생'같은 느낌이 나기 때문에 아이들이 귀여워하여 인기가 좋다는 의견도 있다.

　주원이에게 처음 미디어를 노출해준 건 두돌 즈음이었다. 주원이가 장염으로 많이 아파서 집에 오래 머물렀고 컨디션이 좋지 않아 그때 처음으로 티비를 보여주었다. 그전까지는 미디어를 보여주지 않겠다는 원칙을 지켰었는데, 미디어를 한번 보여주기 시작하니까 그 후로는 별의별 만화를 다 보여주게 되었다(물론 주원이는 내가 허락하는 만화만 볼 수 있었다). 그래서 육아 후배들에게는 최대한 늦게 미디어에 노출시키라고 이야기해 주고 싶다.

만 28개월 양말 갈아신기
2017년 3월

하루에도 몇 켤레씩 양말을 갈아 신던 주원이. 나도 어릴 때 양말을 그리 자주 갈아 신어서 엄마 속을 썩였다는데, 이런 것도 닮는 건가? '나 정도면 착한 딸'이라고 생각하며 자랐는데, 아이를 낳고 키워보니 그건 절대 아니라는 걸 알게 되었다.

만 29개월
2017년 4월

수수깡+듀플로 꽃=마법봉

긴 수수깡에 듀플로 꽃을 꽂아 어디든 들고 다니던 주원이.

어떤 작품을 만드려나 기대하는 마음으로 듀플로 블록을 사줬더니 그걸로 뭘 만들거나 구성하지는 않고, 거기에 들어 있는 꽃들만 쏙쏙 골라서 수수깡에다 끼우고 있는 주원이를 보며 속상했다(근데 어떻게 그렇게 크기가 딱 맞아 안정적으로 꽂히는지 신기하기도 했다). 나중에 주원이는 듀플로 시기 없이 바로 레고 시기에 진입하였고 나에겐 레고 천재로 느껴질 만큼 구성을 잘 했다.

만 30개월   속초 여행
2017년 5월

  주원이는 속초에 가서 외할머니, 엄마, 아빠와 온천에서 족욕을 하며 구운 달걀을 맛있게 먹었다. 생후 6개월쯤 처음으로 주원이를 데리고 여행을 갔었고, 그후로도 종종 주원이를 데리고 여행을 다니긴 했는데, 30개월이 되니 '이젠 진짜 여행을 데리고 다닐 만하다'고 생각했던 것 같다.

만 31개월   차 엠블럼
2017년 6월

  주원이는 이 시기에 자동차 회사 이름과, 차종 용어를 배우며 말이 또 많이 늘었다. '현대', '기아', '볼보', '벤쯔', '아우디' 등 천재인가 생각이 들 정도로 정확히 엠블럼들을 구분할 수 있었다. 길을 걸으면서 계속 엠블럼 이름을 외칠 때였고, 그 당시 주원이랑 자동차 관련 책을 하도 많이 읽어서 나 역시 자동차 이름을 많이 외웠다. 비가 오는 날이면 밖에 나가 걸으면서 차를 구경하기 힘드니, 지하주차장에 가서 몇 바퀴씩 돌며 자동차들을 구경했다. 손가락으로 차를 하나씩 가리키며 이름을 부르면서 걷는 주원이 뒤를 쫓아다니며 너무 웃기고 귀여워서 동영상을 찍던 기억이 난다.

  가끔씩은 주원이와 함께 자동차 전시장에 가서 차를 둘러보고 카달로그(자동차 카달로그는 종이가 두툼하고 인쇄 퀄리티도 좋다)를 얻어와 자동차를 모양대로 잘라서 주원이가 밥을 먹을 때 보이는 벽에다 붙여주기도 하고, 간단한 교구를 만들기도 했다. 그때 우리를 환대해주신 직원분들께 감사하다.

만 32개월 방구
2017년 7월

방구 나오는 소리를 재밌어 하던 주원이. '방구', '똥' 이야기는 초등학교 5학년이 된 지금도 좋아한다.

만 33개월   거북이 목욕 놀잇감
2017년 8월

   주원이의 목욕시간을 도와주던 고마운 놀잇감이 많이 있었는데, 이때는 주원이가 거북이 놀잇감을 제일 좋아했다. 물을 받아 인형들을 띄워놓고 "거북이가 깨끗한 주원이를 보고 싶대. 거북이는 벌써 목욕을 다 했대."와 같은 이야기를 해주며 주원이 목욕을 시켰다.

만 34개월　　　〈로보카 폴리〉의 로이
2017년 9월

　주원이는 이때 〈로보카 폴리〉를 무척 좋아했고, 등장인물 중에서 '로이'라는 캐릭터를 제일 좋아했다. 목소리도 하는 행동도 멋있어서 나도 로이가 제일 좋았다.

　주원이를 유모차에 태우고 동네 문방구에 가서 로보카 폴리의 네 주인공, 로이, 폴리, 앰버, 헬리 변신로봇 놀잇감을 사주었더니 환하게 웃던 주원이의 모습도 떠오른다.

만 35개월
2017년 10월

열매 따기

  엄마가 다 마신 라떼 컵을 갖고 경의선숲길로 가서 길가에 있는 열매를 따서 담는 걸 좋아하던 주원이. 그때 경의선숲길에서 시간 많이 때웠다. 정말 고마운 길.

만 36개월 — 낚시 놀잇감
2017년 11월

  그 당시 주원이가 좋아했던 낚시 놀잇감을 그렸다. 그리고 드디어 만 3년을 키웠다는 기쁨을 느낀 달이었다. 1년동안 주원이 그림을 12번이나 빠지지 않고 성실하게 그렸다는 것에 뿌듯함도 느낀 달.

만 37개월   눈사람
2017년 12월

  주원이는 어린이집에 다니면서 처음으로 눈사람을 만들어보았고, 그게 기념이 될 것 같아 눈사람과 함께 그려주었다. 그리고 그 당시 등원할 때 자주 씌워주었던 모자와 자주 메주었던 목도리를 함께 기록으로 남겼다.

만 38개월 　　스테고사우루스 공룡 놀잇감
2018년 1월

   이때 주원이가 공룡 놀잇감을 좋아하긴 했지만, 주원이에게는 공룡들 이름과 특징을 줄줄 외우는 공룡 시기가 없었다. 예전 우리 반 남아들을 생각해보면 정말 하루 종일 공룡 그림만 그리고 공룡 책만 읽고 정말 박사님처럼 공룡에 대해 줄줄이 소개할 수 있는 아이들이 있었기 때문에 혹시 주원이도 그러지 않을까 예상했는데 그러진 않았다. 공룡 대신 자동차를 더 좋아했기 때문인 것 같다.

만 39개월   색종이 접고 오리기
2018년 2월

  안전 가위로 색종이를 조각 내는 걸 좋아하던 주원이. 이때는 언제 '진짜 가위'를 쓰려나 싶었는데, 시간이 정말 빠르구나.

만 40개월   킥보드
2018년 3월

주원이의 하늘색 킥보드. 유모차에 주원이를 태워 데리고 다니면서 화려하게 킥보드를 타고 슝슝 지나가는 형님들을 보며 신기했는데, '우리 주원이가 이렇게 커서 킥보드를 타다니' 하고 감탄했던 기억이 난다. 돌이켜보니, 주원이가 조심성이 있어서 킥보드를 다치지 않고 안전하게 잘 탔던 게 감사하다.

만 41개월   **종이 벽돌**

2018년 4월

무엇이든 만들 수 있는 개방적인 놀잇감인 종이 벽돌을 잘 갖고 놀던 주원이.

교사 경험이 있기 때문에 가치를 제대로 알고 사준 놀잇감들이 여럿 있는데, 종이 벽돌도 그중 하나이다. 주원이랑 이 벽돌로 정말 많은 놀이를 했고 오랫동안 잘 가지고 놀았다.

교사 시절 연구원에서는 이 벽돌로 〈아기 돼지 삼형제〉의 막내 돼지의 벽돌집도 만들고, 〈라푼젤〉의 성도 만들고, 자동차도 만들고, 집도 만들었다. 주원이랑은 자동차랑 집, 건물을 많이 만들었다. 그리고 종이 벽돌을 위로 높이 쌓아서 무너뜨리는 놀이도 참 많이 했다. 그 단순한 놀이를 주원이는 정말 좋아했다. 집중하여 종이 벽돌을 쌓던 진지한 주원이의 모습이 떠오른다.

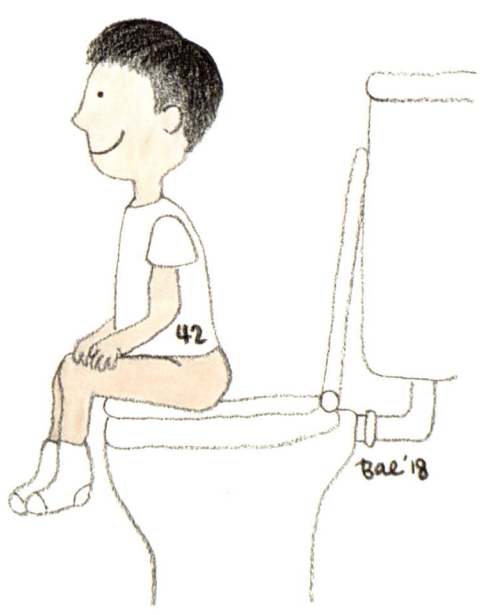

만 42개월　　　　　　　변기에서 배변 훈련
2018년 5월

　소변 기저귀는 36개월쯤에 담임선생님 덕에 뗄 수 있었지만, 대변은 계속 기저귀를 차고 해결하던 주원이가 드디어 변기에 앉아 응가를 할 수 있게 되었다. 또 하나의 산을 넘었다는 기분으로 그린 그림.

만 43개월   탱탱볼
2018년 6월

다양한 색깔과 무늬의 탱탱볼 모으는 걸 좋아하던 주원이. 이때 정말 집에 탱탱볼이 많았다. 그리고 지금도 몇 개는 버리지 않고 가지고 있다.

만 44개월   콘플레이크
2018년 7월

  아빠 직장 내 어린이집을 다녀서 아침마다 아빠랑 같이 등원하던 주원이는 가끔 회사 구내식당에서 아침을 먹는 때도 있었다. 그때 달콤한 콘플레이크의 맛을 알아버렸다. 그후로 주원이는 콘플레이크 매니아가 되었다.

만 45개월 〈출동! 슈퍼윙스〉의 제롬
2018년 8월

〈출동! 슈퍼윙스〉는 각 캐릭터들이 다양한 나라로 택배를 배달하는 내용이었는데, 이 만화 덕분에 나도 주원이도 많은 나라의 문화를 재미있게 접할 수 있었다. 이번에도 주원이가 주인공(호기)이 아닌 캐릭터(제롬)를 좋아하여 신기했던 기억이 난다.

만 46개월　　　　　　　　　　자전거
2018년 9월

　보조바퀴가 달린 두발 자전거를 탈 수 있게 된 주원이. 킥보드에 이어 자전거를 탈 때도 정말 감동했다. 주원이가 두발 자전거를 타고 달릴 때에는 눈물도 찔끔 흘렸다.

만 47개월
2018년 10월

알파벳과 숫자

 알파벳과 숫자에 관심이 생겨서 따라 써보는 걸 좋아하던 주원이. 영어 공부를 따로 시키지도 않았는데 왜 한글보다 알파벳에 먼저 관심을 가졌는지는 모르겠다. 주변에 영어로 된 인쇄물이 많았기 때문일까? 아님 한글보다 알파벳의 형태가 주원이에게는 더 흥미로웠기 때문이었을까?

만 48개월   그림 그리기
2018년 11월

  주원이가 그린 두족인(사람의 머리 부분을 크게 그리고 몸통을 생략하고 팔다리를 얼굴에 연결시켜 묘사하는 것, 발달적으로 매우 중요한 지표가 되는 그림), 거북이, 다양한 하트 모양 등등을 따라 그려보았다. 주원이는 이때 그림을 엄청 많이 그렸는데, 그 그림들을 관찰하는 것이 나의 큰 기쁨이었다. 그리고 주원이와 마주 앉아 많은 그림을 그리고 싶다고 생각했다.

만 49개월　　　　　　　　　　딱지 접기
2018년 12월

　그 당시 우리 집에는 수백 개 다양한 색깔의 딱지가 있었다. 딱지 접기가 쉬워 보여도 쉽지가 않은 작업이다. 삼등분 접기도 잘 하고 직각 삼각형도 선에 딱 맞춰 접을 수 있을 정도로 주원이의 소근육이 야무지게 발달하고 있음에 감사했다. 그리고 주원이가 딱지 색깔을 조합하는 센스도 멋지다고 생각했다.

만 50개월　　　　　포스트잇과 형광펜
2019년 1월

　그 당시 주원아빠가 공부를 하고 있었는데, 주원이는 아빠가 공부할 때 사용하는 문구류에 많은 관심이 있었다. 특히나 포스트잇을 좋아했는데, 포스트잇을 '포스티'라고 말하는 게 귀여웠던 때였다.

만 51개월　　　　　아빠 펜 숨겨놓기 놀이
2019년 2월

　아빠가 공부하는 방에 들어가 펜을 갖고 나와서 집 안 여기저기 몰래 숨겨두는 놀이를 좋아하던 주원이는 아빠가 퇴근하고 돌아오면 "아빠, 펜이 다 없어졌지?!" 하며 깔깔거렸고, 주원아빠는 짜증도 내지 않고 그걸 찾아주는 놀이를 해주었다(나였다면 짜증을 냈을 것 같다). 지금 생각해보아도 퇴근하고 또 공부를 하던 삶이 피곤했을 텐데, 주원이랑 놀이하는 시간도 놓지 않았던 게 새삼 고맙다.

만 52개월   '한국을 빛낸 100명의 위인들' 카드

2019년 3월

  예전 교사 시절 유치반(만 5세) 아이들과 열심히 불렀던 '한국을 빛낸 100명의 위인들' 노래에 주원이도 관심을 갖게 되었다. 등장 인물도 많고 가사도 어려워서 처음에는 그냥 들리는 대로 가사를 외우더니, 곧 가사의 뜻과 배경 역사 이야기까지 알고 싶어 하였다. 주원이가 각 등장인물의 배경 이야기를 궁금해할 때는 기억나지 않아 검색 찬스를 사용하기도 했다. 아이를 키우면서 한번 더 공부를 하게 된다.

  열심히 노래를 부르던 주원이의 모습이 귀여워 위인 카드를 사주면 더 관심이 생기려나 하고 주문해 주었고, 그 당시 주원이가 제일 좋아했던 두 명의 위인을 그렸다.

만 53개월 ⟨꼬마버스 타요⟩의 스피드와 샤인

2019년 4월

⟨꼬마버스 타요⟩의 '스피드'와 '샤인'을 좋아했던 주원이. 주원이는 꾸준히 시청하는 만화의 세계를 넓혀갔다. ⟨꼬마버스 타요⟩는 내용도 좋고 등장인물들도 다 귀여워서 나도 같이 재밌게 봤다.

주원이가 좋아했던 각 만화의 캐릭터를 정리해보았다(주인공은 한 명도 없다).

27개월, 뽀로로의 '크롱'
34개월, 폴리의 '로이'
45개월, 슈퍼윙즈의 '제롬'
53개월, 타요의 '스피드'와 '샤인'

만 54개월   시계 보기
2019년 5월

  주원이가 시계 보는 것에 관심이 생겨서 시계 보는 방법을 배울 수 있는 아동용 시계를 사주려다가 차일피일 미루고 있었는데, 주원아빠가 섬세하게도 직접 시계에다 분 표시를 붙여주어 감동했던 기억이 난다.

  초등학교 2학년 때 학교에서 시계 읽기를 배우는데, 그때 또 한번 위기가 찾아온다. 시침이 10과 11 사이에 있으면 그것이 10시 몇 분인지, 11시 몇 분인지가 많이 헷갈리나 보다.

그림

만 55개월 자기 이름 쓰기
2019년 6월

   그 당시 주원이가 자기가 그린 그림에 쓰던 서명을 따라 그려봤다. '원'자를 거울 글자로 썼는데, 그 글자가 특이하게 생겨서 인상적이었다. 특정 시기에만 볼 수 있는 아이들의 거울 글자는 정말 사랑스러워서 교사 때에도 아이들의 거울 글자를 굳이 수정해주지 않았다.

   이 시기에 주원이는 한창 글씨에 관심을 갖고, 글씨를 쓰고 싶어 하고, 내가 써주면 비슷하게 따라 쓰고(그리고), 소리와 낱글자를 매칭해보는 모습을 보였다. 때가 되니 글씨에 관심을 갖는 게 신기했다.

만 56개월 〈미키의 클럽하우스〉의 도널드덕

2019년 7월

클래식 만화인 미키마우스 만화도 섭렵했던 주원이. 그중에서도 〈포테이토 랜드〉라는 에피소드를 좋아해서 나까지 대사를 외울 만큼 반복적으로 보았다.

"포테이토 랜드에 한번도 가본 적이 없다는 거야?"
(쨍그랑!)

57

만 57개월 〈따개비루〉
2019년 8월

유명하지는 않았던 만화 같은데 신애라님의 나레이션이 듣기에 편하고 내용도 따뜻해서 주원이가 오래도록 봤으면 했던 애니메이션(그러나 슬프게도 오래 보지는 않았다).

만 58개월　　　　　　　　　종이비행기 1
2019년 9월

　주원이는 비행기를 여러 가지 방법으로 접어보고 변형시켜가며 방향과 거리를 조절하는 다양한 실험을 시도했다. 종이비행기에다 이런 저런 그림을 그리고, 항공사 이름, 로고, 여러 나라 국기도 그려보면서 다양하게 지식을 넓혀 나갔다.

만 59개월   제주도 여행
2019년 10월

   제주도 여행 갔을 때 잔디밭에 누운 주원이가 자유로워 보였던 순간을 기록하였다. 잔디를 보면 마음껏 뛰어 다니고 자연스럽게 눕기도 하는 아이의 모습을 보면서, 서울에 살기에 이런 욕구를 다 풀어주지 못하고 '뛰지 마', '차 온다, 위험해', '아랫집 시끄러우니까 조심하자' 같은 이야기를 듣게 하며 키운다는 생각에 새삼 안타까웠던 기억이 난다.

60

Bae '19

만 60개월 〈엉덩이탐정〉
2019년 11월

일제 강점기를 알게 되면서 일본을 미워하던 어린이가 일본 문화를 좋아하게 된 시발점인 〈엉덩이탐정〉. 이 만화를 오래도록 좋아하여 애니메이션으로도 책으로도 많이 보았다. 나도 처음에는 '얼굴이 엉덩이?? 뭐 이런 애니메이션이 다 있어?' 생각했다가 내용이 재밌어서 주원이랑 같이 많이 봤다.

이 당시 주원이의 일본에 대한 반감이 무척 커서, '독도는 우리땅' 가사도 열심히 외우고, 어린이집 체육 선생님의 '데상트' 바지를 보고는 "선생님, 이 브랜드는 일본 거에요!"라며 지적하고, 뉴스룸의 한일관계 꼭지에 늘 귀를 기울였다. 그런데 정작 〈엉덩이탐정〉과 〈100층짜리 집〉 그림책 시리즈를 엄청 좋아해서 웃겼다. 하긴 일본 애니메이션, 그림책이 재밌긴 하지.

만 61개월　　　　　　　　　　　　　레고
2019년 12월

　주원이가 레고를 너무 좋아하고, 구성도 잘 하고, 레고가 삶의 전부였던 시간들을 보내서 이때는 정말 주원이가 덴마크 레고 본사에 취직하기를 바랐다. 아침에 눈 떴을 때부터 "나랑 같이 레고 할 사람?"이라고 외쳤고, 어린이집 자유놀이 시간에도 거의 늘 레고 구성만 했고, 집에 돌아와서도 잘 때까지 레고를 갖고 놀았다.

　주원이가 구성한 작품을 부수고 새로운 작품을 만들기 전에 작품 하나 하나 사진을 찍고 인화하여 앨범을 만들어 주었다. 주원이는 외출할 때 그 앨범을 갖고 나가 다른 친구들이나 어른들에게 자신의 레고 작품을 자랑하는 걸 좋아했다.

만 62개월 주원이 그림
2020년 1월

다양한 형태를 그리고 색깔도 폭넓게 많이 사용할 수 있게 된 주원이가 내 눈엔 화가였다. 주원이가 뱃속에 있을 때 주원이도 그림 그리기를 좋아했으면 하는 마음으로 그림을 많이 그렸다.

초등학생이 된 지금은 자신이 그림을 잘 못 그린다고 말하며 그림 그리는 걸 그닥 즐기지 않지만, 어린이집 다닐 때는 그림도 많이 그렸고 난 주원이 그림을 거실 한 벽면 가득 붙여주기도 했다.

만 63개월   코로나와 마스크
2020년 2월

긴 터널의 시작, 코로나와 마스크. 이 달부터 오랜 시간 마스크를 쓰고 어린이집에 등원했다. 이 그림을 그릴 때만 해도 그렇게 오랫동안 마스크를 쓰고 생활할지는 몰랐다.

만 64개월
2020년 3월

주원이의 기지

   이때부터는 코로나가 심각해지며 등원을 하지 못하고 가정보육을 하게 되었다. 거실 한켠에 커텐과 가구, 쿠션 등을 활용하여 자신의 기지를 만들고 그 안에서 안정감을 누리던 주원이. 하루 종일 주원이와 집콕 하던 시절.

   계속 가정보육을 하다 시간이 지나면서 주 2~3회 등원을 하고 나머지 날들은 집에서 주원이를 돌보았다. 선생님들은 주원아빠를 통해 집에서 놀이할 교구들을 전해주시기도 하고, 녹화 영상을 찍어서 보내주시기도 했다. 그 시절 힘들었던 우리 모두가 떠오른다. 어른들도 많이 힘들었지만, 아직 힘든 경험을 많이 해보지 못한 아이들은 더 많이 괴로웠을 것이다. 그 시절 엄마랑 집에서 지지고 볶으면서 많이 혼난 주원이 고생 많았어.

만 65개월 〈라인프렌즈〉
2020년 4월

〈라인프렌즈〉만화 역시 나도 같이 좋아했다. 주원이는 '샐리', 나는 '제임스'를 좋아했다. 주원이가 좋아하는 만화를 같이 보던 때가 그립다. 요새는 주원이가 좋아하는 만화 중 일부는 내가 보기엔 영 유익하지 않아서 주원이의의 정신 건강을 위해 그만 보라고 하는 것도 있다.

만 66개월　　　　　　　　　　첫 발치
2020년 5월

　드디어 첫 유치가 빠진 주원이. '주원이가 벌써 7살이 되어 첫 이가 빠졌구나' 하고 감동했다. 처음 젖니를 뺄 때는 치과에 갔었는데, 그후로는 내가 직접 빼주며 톡 하고 빠질 때의 손맛을 느끼기도 했다.

만 67개월　　　　　　　　색종이 접기
2020년 6월

　주원이는 이때 색종이를 정말 원없이 접었다. 색종이를 접으며 소근육이 또 한층 정교하게 발달한 것 같다. 어린이집 선생님들께서 주원이를 위해 준비해주신 종이접기 책을 구입하여 집에서도 그걸 보고 많이 접었는데, 어려운 부분은 내게 접어달라고 부탁해서 힘들었던 기억이 있다. 그래도 목표한 바를 열심히 끝까지 접어보려는 주원이의 모습이 대견했다.

68

Bae '20

만 68개월 〈요괴메카드〉 요괴볼
2020년 7월

 요괴볼에서 '우신곤'으로 변신한 모습이 제법 정교하지만, 그걸 그리기엔 나의 그림 실력이 부족하여 그냥 요괴볼로 대체하여 그린 작품. 나는 보여주기 싫은 만화를 주원이가 보기 시작한 때가 이때부터였던 것 같다. 그러나 요괴볼에서 요괴메카드로 변신하는 모습은 내가 봐도 좀 멋있었고 내용도 그닥 유해하지는 않았다.

만 69개월   글씨 읽기 1
2020년 8월

   이 시기 주원이는 길을 걷다 보이는 간판과 인쇄물 속 글씨들에 관심을 갖고 띄엄띄엄 읽기를 시작했다. 따로 한글을 가르치지는 않았지만 '우리 주원이는 언제 글씨를 읽고 쓰나. 벌써 내년이면 입학인데...'하며 불안했던 엄마를 위해 글씨를 읽기 시작한 효자.

   만 5세 무지개반 학기초 면담 때 주원이 읽기, 쓰기 발달이 좀 걱정되어 담임 선생님께 '주원이가 글자에 아무 관심이 없고 쓰기도 많이 하지 않는데, 제가 집에서 뭘 도와주면 좋을까요?'라고 질문했었다. 그랬더니 선생님께서 옅은 미소를 띠며 '주원이는 11월생이니 올 여름까지는 지켜보시죠.'라고 하셨는데, 정말 여름부터 주원이가 글씨에 관심을 보였다. 아이들의 발달은 너무 신기하고, 다 아는 내용이지만 역시 선생님의 말씀을 들어야 마음이 놓이는 나도 전 교사가 아닌 엄마였다.

만 70개월　　　　　　　　　　루미큐브
2020년 9월

　가정보육 기간 동안 주원이랑 정말 다양한 보드게임을 했는데, 그 중에서도 주원이는 루미큐브를 좋아했다. 루미큐브는 내가 제일 좋아하는 보드게임이라 주원이랑 루미큐브를 할 수 있다는 게 더 감동으로 다가왔다. 이 게임을 하면서 자연스럽게 수개념도 익히고 규칙 찾기도 해보았다.

만 71개월   뽑기
2020년 10월

   그때 살던 아파트 단지 앞 슈퍼마켓에 있던 뽑기 기계에서, 500원짜리 두 개를 넣고 뭘 많이도 뽑았다. 그리고 주원이의 뽑기 사랑은 이후로도 계속 되고 있어서 뽑기 자판기 앞을 그냥 지나친 적이 없다.

만 72개월   7살 생일
2020년 11월

'벌써 여섯 돌이라니' 하고 감동했던 기억이 난다.

그리고 이 그림이 나의 첫 아이패드 드로잉이다. 주원아빠에게 나는 앞으로도 그림을 많이 그릴 거고 그래서 아이패드가 꼭 필요하다고 졸라서 샀는데, 주원이 그림만 겨우 그리고 있다.

만 73개월   글씨 읽기 2
2020년 12월

  그 당시 주원이는 가장 좋아하던 〈엉덩이탐정〉 책을 띄엄띄엄 소리내어 읽기 시작했다. 한 글자 한 글자를 또박또박 '흐.음.알.겠.습.니.다.의.뢰.를.받.아.들.이.죠.'라고 읽어서 너무 귀여웠던 초기 읽기자 김주원.

  소리를 내어 읽는 것이 읽기 발달에는 좋다고 배워서 독려했는데, 주원이는 묵독으로 은근히 빠르게 넘어갔다.

만 74개월   고무줄 공예
2021년 1월

집콕 기간 중 고무줄(룸밴드)로 정말 많은 작품을 만들었다. 작은 고무줄을 여러 개 이어서 팔찌, 목걸이 등을 만들다 보면 시간이 잘 가기도 했다. 마스크 스트랩도 엄청 여러 개 만들어서 여기저기 선물도 많이 했었다. 지방에 사는 지인에게 선물을 보내려고 우체국에 가는 날은 우리의 특별한 외출 데이였다.

만 75개월   어린이집 졸업
2021년 2월

   코로나 시국이어서 졸업식 날 아이들은 원에 모여서, 부모들은 zoom으로 식에 참석했다. 주원이가 건강하고 즐겁게 자랄 수 있도록 도움 주신 선생님들과 어린이집의 모든 직원분들, 4년 간 함께 했던 공간과의 이별이 힘들었다. 선생님들과 마지막 인사를 할 때 주원이는 멀쩡하게 인사를 드리고, 나는 그 옆에서 결국 못 참고 울고 말았다.

만 76개월   초등학교 입학
2021년 3월

   고모가 사준 새 가방, 엄마가 사준 새 물통 가방을 메고 등교하던 주원이. 주원이가 입학한 해 3, 4월에는 마치 내가 다시 초등학교에 입학한 것처럼 긴장을 하고 힘들었던 기억이 난다. 주원이가 학교에 잘 적응할 수 있기를 바라며 이렇게 저렇게 신경을 많이 썼기 때문이겠지. 주원이는 자신의 방식대로 학교 수업에 잘 적응하고 친구들과도 두루 사귀며 즐겁게 학교 생활을 해나가서 대견했던 때. 마스크를 쓰고 생활하는 게 힘들었을 텐데도.

만 77개월
2021년 4월
카메라

    이 당시 주원이는 이모가 입학 선물로 사준 카메라로 사진 찍는 걸 좋아했었다. 목에 카메라를 메고 여기 저기 뛰어다니며 사진을 찍던 주원이.

만 78개월 〈어몽어스〉
2021년 5월

이때 주원이는 〈어몽어스〉를 좋아하던 친구들의 영향을 받았던 것 같다. 〈어몽어스〉 캐릭터를 비롯해 〈브롤스타즈〉 캐릭터, 여전히 〈포켓몬〉 캐릭터도 좋아하여 정신이 없었고 이때부터 주원이의 취향을 따라가는 게 벅차다고 느꼈다.

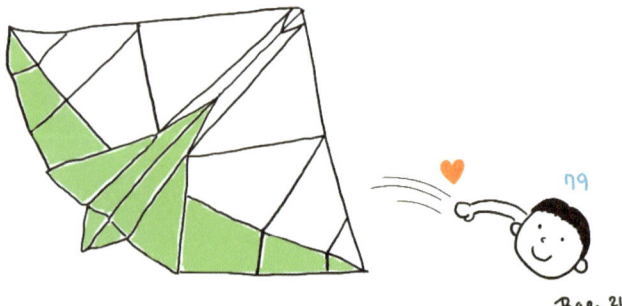

만 79개월　　　　　　　　　　종이비행기 2
2021년 6월

　〈네모아저씨〉 영상을 보며 멋진 종이비행기를 접던 주원이. 예전보다 업그레이드된 복잡한 방식으로 멋진 비행기들을 많이도 만들었고, 집안에서도 종이비행기를 날려서 집안 여기저기에 비행기들이 콕콕 박혀 있었다.

만 80개월 팽이
2021년 7월

〈네모아저씨〉 영상을 보며 정말 다양한 팽이를 많이도 접었던 주원이. 팽이 역시 비행기만큼이나 정교하게 잘 접었다. 코로나 기간 동안 〈네모아저씨〉 도움을 참 많이 받았다.

만 81개월   길고양이
2021년 8월

그 달에는 무얼 그려줄까 주원이에게 물었더니, 여름 휴가로 떠난 고성 여행에서 만난 고양이를 그려달라고 부탁했다. 지금도 그렇지만 이때 주원이는 길냥이들을 좋아했는데, 특히 이 고양이가 예쁘다며 사진을 찍어달라고 했었고 그 사진을 보고 그려주었다. 고양이 옆 하트는 주원이가 그렸다.

만 82개월   <BT21>의 슈키
2021년 9월

    이때 주원이는 BTS 슈가가 멋있다며 슈키 캐릭터를 좋아했다.

만 83개월   부산 광안대교
2021년 10월

  주원이, 주원아빠와는 처음 부산에 갔던 때. 20대의 추억이 머문 부산에 주원이랑 같이 가니 느낌이 색달랐던 기억이 난다. 셋이서 함께 광안대교의 아름다움을 느낀 밤.

만 84개월   안경 그리고 생일
2021년 11월

   우리 둘 다 눈이 나빠서 주원이 시력을 계속 걱정했었는데, 결국 주원이는 1학년 가을에 안경을 쓰게 되었다. 안경 도수가 적힌 종이를 받아 든 때 너무 속상했지만, "엄마, 나 안경 쓰면 친구들이 못 알아보면 어떡해?" 하며 울먹이는 주원이를 달래며 괜찮다고 말해주었다. 속상해하는 주원이 앞에서 난 속상한 티도 낼 수 없었다. 그래도 막상 안경을 맞추고 씌워주니 너무 잘 어울려서 "주원아, 똘똘이 같아! 아주 똑똑해 보인다!"라고 말해주었다.

만 85개월   〈나 홀로 집에 1〉 감상
2021년 12월

   크리스마스 기념으로 이브날 셋이 같이 안방에 앉아 〈나 홀로 집에 1〉을 봤다. 케빈이 도둑들을 혼내주는 장면을 주원이가 무서워 하면 어쩌지 걱정했는데, 나의 걱정과는 달리 깔깔거리며 재미있어해 의외였던 기억이 난다.

만 86개월   용돈
2022년 1월

  주원이가 돈에 대한 관심이 부쩍 높아져서 이달부터 한 주에 3천원씩 용돈을 주기 시작했다. 용돈을 아껴 5만원을 모으겠다고 했지만, 용돈을 필요한 곳에 잘 쓰지는 못해서 몇 달 간 주다가 흐지부지 주지 않게 되어 지금까지도 따로 정기적인 용돈을 주지는 않는다. 가끔 할머니, 할아버지께 받은 용돈을 모았다가 주원이가 사고 싶은 게 있거나 친구들과 간식을 사먹고 싶을 때 조금씩 쓰고 있다. 다른 교육도 어렵지만, 경제 교육도 참 어렵다.

만 87개월   축구
2022년 2월

    점심시간, 그리고 하교 후 운동장에서 친구들이랑 축구를 하던 주원이. 날아오는 공에 안경을 맞으면 얼굴이 다칠까 걱정되어서 안경을 벗어놓고 축구를 하라고 했는데(이때는 시력이 그리 나쁘지 않아서 안경을 쓰지 않아도 축구를 할 수 있었다), 안경을 안경집에 넣지 않고 그냥 가방에다 넣어두거나 책상 위에 그냥 올려둔다는 고백을 듣고 기절했었다. 그래서 여러 차례 안경집에 안경을 넣어두고 축구를 하러 가라고 얘기를 해주었고, 어느 순간부터 주원이는 안경집에 안경을 넣어두고 축구를 하기 시작했다.

만 88개월　　　　　　시 <쉬는 시간>
2022년 3월

 학교에서 국어시간에 시를 배우고 있다고 하더니, 자신의 작품을 소개해줬다. 좀 짧은 거 아니냐고 물으니, 시는 짧은 게 포인트라고 하면서. 2학년 김주원 어린이 눈에 1학년 동생들이 귀여웠나 보다.

     쉬는 시간
        김주원

    친구들이 우르르
    신나는 쉬는 시간
    친구와 함께 1학년
    교실 보는 거는
    너무 재밌다.

Bae '22

만 89개월　　　　　보스턴 다이나믹스
2022년 4월

　방과후수업으로 로봇공학을 배우면서 로봇을 좋아하게 되어 후에 '보스턴 다이나믹스'에 취직을 하고 싶다고 했다. 레고 본사에 이어 오랜만에 나도 가슴이 뛰었다.

만 90개월   동네 친구들과 함께 캠핑
2022년 5월

  동네 친구들과 같이 캠핑 가서 물고기도 잡아보고, 물총 싸움도 신나게 하고, 1박 2일 동안 육개장 컵라면을 두 개나 먹어서 행복했던 주원이. 캠핑 고수 친구 가족이 있어서 우리도 합류할 수 있었다. 자연에서 뛰노는 아이들의 모습은 언제 보아도 참 예쁘다.

만 91개월　　　홍제동 '신기한 놀이터' 기구
2022년 6월

   다른 아이들은 (바라보기만 해도 무서운) 저 빨간 그물망 기구에 다람쥐처럼 잘도 올라가는데, 주원이는 늘 오르던 높이 그 이상은 더 오르지 않았다. 겁 많은 날 닮은 거니까 어쩔 수 없다 싶었는데, 어느 순간 훌쩍 자라 저 멀리까지 올라가 있는 주원이를 발견하고 감동했었다.

   기구의 설계가 매우 훌륭한데, 나의 드로잉 실력으로는 도저히 비슷하게 표현할 수가 없어 아쉽다.

만 92~93개월   제주에서 보낸 여름
2022년 7~8월

　주원아빠가 휴가를 좀 길게 내고 다같이 제주에서 여름을 보냈다. 제주에서 1년 살이를 하는 주원아빠 친구 가족이 있어서 같이 즐거운 시간을 보낼 수 있었다. 제주에서 머무는 동안 낚시하다 독가시치 가시에 쏘이는 해프닝도 있었지만 괜찮아서 정말 다행이었다.

만 94개월　　　　　　　　　　구구단
2022년 9월

　'주원이가 언제 이렇게 커서 구구단을 외우다니' 하고 감동했던 때. 주원이 2학년 선생님은 아이들에게 암산을 많이 연습시켜 주셨다. 주원이가 힘들어 했지만, 그때 훈련을 잘 받아서 지금도 암산하는 걸 재밌어 한다.

만 95개월   줄넘기
2022년 10월

 주원이에게 애증의 존재였던 줄넘기. 반 친구들과 다 같이 줄넘기를 하다가 줄에 걸린 사람들은 앉게 되는데 자기는 너무 일찍 앉아서 창피하다며 줄넘기 연습을 열심히 했다. 그럼에도 줄넘기를 힘들어 하던 주원이를 위해 그해 겨울방학에는 줄넘기 수업을 듣게 해주었다. 내가 어릴 때 가장 싫어하고 힘들어 했던 과목이 체육이라, 주원이는 나처럼 고생하지 않으면 좋겠다는 마음으로.

만 96개월 친구들과 첫 생일파티
2022년 11월

   동네 친구 네 명을 집에 불러서 조촐한 생일파티를 해주었다. 나도 주원이도 처음 경험하는 친구들과의 생일 파티였기에 오래 기억에 남는다. 한 친구는 주원이에게 "주원아, 오늘은 네가 우리들의 별이야!" 라는 예쁜 말도 해주었다. 각자 주원이를 생각하며 정성스레 준비해온 선물을 꺼내면서 주원이 반응을 살피던 귀여운 아이들 모습이 생각난다.

만 97개월   첨성대
2022년 12월

  엄마아빠랑 처음 경주에 가서 첨성대를 보고 선조의 지혜에 감탄했던 주원이. 그러나 막상 가장 좋아했던 건 황리단길에서 뽑기를 한 것이었다.

만 98개월

셋이 영화관에서 〈슬램덩크〉 관람

2023년 1월

　셋이 같이 영화관에서 처음 본 영화는 〈슬램덩크〉였다. 러닝타임이 두 시간이 넘어서 주원이가 잘 볼 수 있을까 걱정했는데, 팝콘을 먹으면서 잘 견뎌서 우리도 끝까지 다 보고 나올 수 있었다.

　그전에도 주원이와 둘이 디즈니 애니메이션을 본 적은 있었지만 중간에 좀 무서운 장면이 나오면 빨리 나가자고 해서 중간에 나온 적도 있었고, 둘이 포켓몬 영화를 본 적도 있었는데 그때는 내가 너무 지루해서 잤었다.

　셋이 영화관에서 집중하여 끝까지 재밌게 본 첫 영화.

만 99개월   김밥 두 줄
2023년 2월

망원동 샐러마리 김밥 두 줄을 먹어서 사장님이 예쁘다 하셨던 기억이 난다. 잘 먹는 아이의 모습은 언제 보아도 참 예쁘다.

건강하고 행복한
주원이가 되길 ♡
나도 함께 성장하길
Bae '23

만 100개월   100개월
2023년 3월

  숫자 그 자체가 멋지다. 주원이가 100개월이 될 때까지 그림을 그린 나의 꾸준함을 칭찬하며 남긴 그림.

만 101개월   합기도
2023년 4월

   남을 공격하는 게 싫어서 태권도는 하기 싫고, 자신을 보호하는 합기도를 하겠다던 주원이(누구한테 어떤 말을 들어서 그렇게 단호하게 의견을 피력했는지는 잘 모르겠다). 합기도는 공격을 하는 태권도와 달리 방어를 배운다며, '일단 나는 살자'의 느낌이라고 했다.

   운동을 시켜주고 싶었는데 하고 싶지 않다고 해서 그동안은 따로 학원을 안 보내다가, 동네에서 친해진 동생이 다니는 합기도장에 같이 다니게 되었다. 3년 정도 꾸준히 다니면서 낙법, 발차기, 줄넘기, 쌍절곤도 배웠다. 가끔 합기도장에서 친구들과 1박을 하며 영화도 보고 야식도 먹는 이벤트도 진행했어서, 나와 주원아빠는 자유를 얻기도 했다. 고마운 합기도 학원. 합기도, 태권도 관장님, 사범님들 덕분에 엄마아빠들이 마음 놓고 일을 할 수 있는 것 같다.

만 102개월 　　　　　　　　　감기
2023년 5월

　그해 5월 내내 많이 아팠던 주원이. 나도 주원아빠도 주원이에게 감기가 옮아서 같이 오래 아팠다. 잔인한 5월이었다.

만 103개월 〈포켓몬GO〉
2023년 6월

   아빠와 둘이 폰을 들고 동분서주하며 포켓몬을 잡고 다니던 때였다. 동네를 다니기도 하고, 희귀한 포켓몬을 잡으러 특정 동네에 일부러 찾아 가기도 했다. 나는 편하게 집에 있는데, 주원이랑 같이 포켓몬을 잡으러 다니는 주원아빠의 모습을 보면서 정말 대단한 사람이라는 생각을 했었다.

만 104개월 시인 김주원
2023년 7월

 '나는 가족이 있으면 아무데서나 피어나는 특별한 꽃! 언제나 가족이 있다면 행복하게 피어나는 꽃이야.'

 전라도 여행 중 어느 카페 방명록에 남긴 주원이의 글귀를 읽고 감동한 엄마아빠.

8월 22일   제목: Losing Baby Teeth

핵심어: Losing
모르는 단어: Losing=잃어버리다, child=어린이, traditions=전통, pillow=베개, believe=믿다, come= 온다, in=안에 있다, used to=어떤 일을 과거에 했다, rooftops=지붕, countries=나라들, cultures=문화, hopes=희망, will=미래의 계획 마 소망, healthy=건강 한, 렝aih=조망감

105 English

만 105개월   영단어장
2023년 8월

어릴 적 나와 똑같은 주원이의 모습에 소름이 돋았던 순간. 영단어장 만들기에 적합한 수첩을 까다롭게 고르는 섬세함까지 나와 닮았다. 아이의 모습에서 예전 내 모습이 보일 때 참 신기하기도 하고, 어릴 적 나를 다시 만나는 기분이 들어 추억에 젖기도 한다.

만 106개월   카누
2023년 9월

삼척 여행을 가서 노를 저어본 주원이. 나도 용기를 내어 같이 노를 저으며 카누를 탔다.

만 107개월　　　　　어려운 수학 공부
2023년 10월

　수학 공부에 열을 올리며 엄마한테 많이 혼나던 주원이. 나는 다른 사람을 참을성 있게 잘 가르치는 성정이 아닌데, 심지어 내 자식을 가르치는 건 정말 힘든 일이었다. 수학이 너무 어려워 수학 공부에 지쳤다며 "나는 과학으로 먹고 살래!"라고 외치길래, 속으로만 '과학자들이 얼마나 수학을 좋아하고 잘 하는지 몰라서 저러지'라고 생각했다.

　2학년 때까지는 내가 수학을 가르치며 그리 큰 위기가 없었는데, 3학년 때부터 위기가 닥쳐서 4학년 올라가는 겨울에 수학 학원에 보내게 되었다. 수학 공부로 인한 우리의 갈등을 더 오래 끌지 않고 아이를 좋은 학원에 맡긴 것에 만족한다. 주원이도 필요를 느낄 때에 학원을 보내서 그런지 학원 다니는 것에 만족하며 "엄마, 선생님들은 화를 안 내시고 친절하셔서 좋아!"라고 했다.

Bae '23

만 108개월   닌텐도 스위치
2023년 11월

드디어 10살 생일이 되어 손에 넣게 된 닌텐도 스위치. 주 2회, 회당 1시간씩 약속을 꾸준히 잘 지키는 주원이를 많이 칭찬한다.

5학년이 된 지금은 닌텐도로 포켓몬 게임을 하거나 아빠 랩탑으로 〈마인 크래프트〉를 하고 있는데, 주 2회, 회당 1시간씩 약속을 지키고는 있지만 점점 지키기 어려워질 것 같다. 아직 스마트폰은 사주지 않아서 스마트폰 사용 약속은 정하지 않지만 TV 시청 시간, 게임 시간 약속 정하는 면에서 갈등이 생기기도 한다. 친구들이랑 같이 이야기도 나누고 어울려 놀려면 만화, 게임도 어느 정도 하고 잘 아는 것도 중요하다고 생각해서 아예 막지는 못하지만, 중독이 되는 건 막아야 하기에 느슨하게 봐줄 수만도 없는 정말 어려운 문제다.

109

만 109개월   엄마랑 영화관에서 〈엘리멘탈〉 관람

2023년 12월

난 영화관에서 자막 버전으로 〈엘리멘탈〉을 먼저 보고, 주원이랑 한 번 더 가서 더빙 버전으로 보고, 우리 셋이 집에서 자막 버전으로 한번 더 관람했다. 주원이가 이 영화를 두 번이나 보고 싶어 할 줄은 몰랐다.

Bae '24

110

만 110개월　　　　　　　　엄마랑 출근
2024년 1월

　학교 석면 제거 공사로 겨울방학이 너무 길어 주 1회는 엄마랑 같이 회사에 출근했던 주원이. 문제집도 풀고 다른 직원분 아들(주원이랑 동갑 친구 하나도 엄마를 따라 회사에 출근했었다)이랑도 같이 놀고, 맛있는 짜장면도 먹으며 시간을 보냈다. 그리고 대표님이 데리고 출근한 강아지가 짖어서 주원이가 한껏 긴장했던 모습도 떠오른다.

　길고 긴 겨울방학을 할머니 두 분 찬스와 키움센터, 재택근무, 그리고 둘이 같이 출근까지 하며 버텼다. 그때는 힘들었지만 지금 돌아보니 다 추억이다.

만 111개월   일본여행 중 〈포켓몬GO〉
2024년 2월

  일본에 와서 포켓몬을 잡으니 더 재밌다던 주원이. 3박 4일동안 포켓몬을 맘껏 잡고 포켓몬 카드 가게에서 정신을 잃고 오래도록 구경도 했다. 서울로 돌아오는 비행기에서는 추락하지 않게 해달라고 간절히 기도하던 모습이 귀여웠다.

만 112개월 4학년
2024년 3월

주원이가 벌써 초등학교 고학년이 되었다는 사실이 새삼 신기했다. 초등학교 입학한 것도 신기했는데, 벌써 4학년이 되다니. 그럼에도 내 눈엔 아직 귀엽다는 사실.

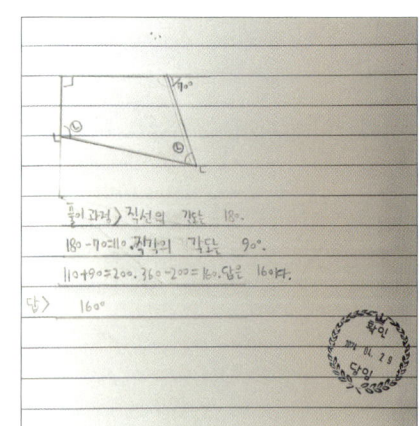

만 113개월   각도 구하기
2024년 4월

주원이는 수학 학원에 다니며 점점 수학에 대한 자신감이 붙고 수학을 더 좋아하게 되었다. 오답노트를 만드는 것도 재밌어 했다.

주원이 학원 원장님이 주원이를 어느 정도 파악하시더니, 약간 욕심을 부리도록 자극하셔서 주원이는 수학에 더 재미를 붙이며 더 많은 문제를 풀고 더 많은 도전을 하게 되었다. 나는 원치 않았지만 주원이가 선행 학습을 원해서 진행하고 있는데 이 부분은 아직도 고민이 있다.

즐거운 육아를 추구합니다

아이를 키우며 남긴 오늘의 기록

114

오늘의 기록

Bae '24

만 114개월 〈즐거운 육아를 추구합니다〉 출간

2024년 5월

 이 책의 주인공 김주원은 책의 출간을 매우 기뻐하며, 큰 기대감을 보였다. 주원이는 "나는 엄마 책을 발판 삼아 유명해지고 싶어", "엄마, 이 책이 유명해지면 우리 가족도 유명해져서 마스크 쓰고 외식 가는 거 아니야?" 같은 말로 나를 웃겨 주었고, 망원동 이후북스 사장님께는 이 책을 '우리 집안 역전의 복권'이라고 소개했다.

 그리고 이해 10월 처음으로 참석한 북페어에서는 주원이가 직접 책을 한 권 팔기도 했다.

손님: (내 책을 읽고 덮으면서 혼잣말로)
"책이 참 좋다."
주원: (놓치지 않고) "그럼 한 권 사세요."
손님: "내가 지금 지갑이 없어서."
주원: (QR코드를 가리키며)
"폰으로 여기 찍으시면 돼요."
손님: "내가 지금 폰도 없어서."
주원: (의심의 눈빛)
"에이 거짓말 하시는 거 아니에요?"
손님: "진짜야!"

그 손님은 30분쯤 뒤 폰을 들고 다시 나의 부스로 오셔서 책을 사주셨다. 집요한 우리 아들 덕에 책을 팔았다.

이번 책 막바지 작업 때는
주원이가 이런 말도 했다.

"엄마, 〈매달 아이를 그립니다〉 대박날 거 같애.
표지도 예쁘고 내용도 재밌는 거 같아. 내 감이
좋은 거 알지?"

그런지는 잘 모르겠지만
정말 그러면 좋겠구나. :)

만 115개월   젤라또
2024년 6월

이탈리아 여행을 가서 1일 1젤라또를 먹으며 행복했던 주원이. 그렇게 많은 걸 보고 많은 걸 먹었지만, 젤라또가 제일 기억에 남는다는 귀여운 김주원 어린이.

만 116개월
2024년 7월

배드민턴

아빠랑 배드민턴 치는 걸 좋아하는 주원이. 나는 어릴 때부터 운동에 소질이 없었고, 잘 못하다 보니 잘 안 하게 되고, 잘 안 하다 보니 더 잘 못하게 되는 악순환인데, 운동을 좋아하는 주원아빠 덕에 주원이는 아빠랑 이런 저런 운동을 많이 하는 모습이 보기 좋다.

5학년에 올라가서는 담임 선생님이 금요일 아침마다 배드민턴을 치는 행사를 마련해주셔서 반 친구들과 함께 배드민턴을 치며 더 좋아하게 되었다.

만 117개월 야구
2024년 8월

  평일 저녁시간 아파트 공터에서 동네 친구랑 야구를 즐겨하던 주원이. 아파트에서 아이들이 노는 소리를 유난히 불편해하시는 어르신들이 계셔서 갈등도 있었지만, 주원이는 그분의 반응에 굴하지 않고 '저희는 꽤 조용히 놀이를 하는 편'이라며 당당히 맞섰다. 그런 모습이 버릇 없어 보이기도 하지만, 어릴 적 나에게 없던 당당함이 주원이에게 있어서 보기 좋았다.

만 118개월   국가유산 방문코스
방문자여권 스탬프

2024년 9월

전국의 국가 유산을 찾아다니며 도장을 찍는 재미에 푹 빠진 주원이(와 주원아빠). 이 스탬프를 알고 난 후부터 우리의 여행은 스탬프 찍기 여행이 되어 버렸다.

만 119개월   비염
2024년 10월

  주원이가 코를 자주 파고 그래서 코피가 자주 났는데 그냥 넘기기에는 좀 잦은 거 같아서 검색을 해보니 비염의 증상일 수 있다는 말에 병원에 데려갔는데 진짜 비염이 맞았다. 내가 제대로 몰라서 대처를 잘 못 해줬다는 죄책감이 들어 마음이 안 좋았다. 선생님은 아이가 커가면서 계속 지켜봐야 한다고 말씀하셨고 증상이 심할 때마다 약을 먹고 스프레이를 뿌려야 한다고 하셨다.

  나도 어릴 때 축농증이 있었고 콧물 때문에 불편하고 머리가 띵했던 기억이 난다. 축농증 때문에 엄마가 내게 안 먹인 약이 없고 한약도 오래 먹었는데, 그때의 엄마 생각이 났다. 그때 그 증상들이 성장에 따라 자연스럽게 나아진 것인지, 내가 먹었던 약 중 그 어느 하나 덕이었는지 알 수는 없지만 엄마 덕이 컸던 것만은 사실일 것이다. 그에 비해 나는 주원이한테 따로 들이고 있는 노력이 많이 없어 부끄럽네.

12 x 10 = 120

Bae '24

만 120개월   홍게
2024년 11월

   2024년 10월 처음으로 북페어에 참가하게 되었고, 같이 따라가준 주원아빠와 주원이에게 고마워서 저녁에 뭘 먹고 싶냐고 했더니 주원이가 '결혼식에서 먹었던 홍게'를 먹고 싶다고 했다. 그래서 네이버지도에 '홍게'를 검색했더니 뜬 식당이 있었고 우리는 그곳에서 인생 홍게를 먹었다. 홍게 맛과 사장님 부부의 친절하심에 너무 감동하여 드릴 건 없고 다 팔지 못한 나의 책을 드리고 준비해간 거스름돈과 북페어에서 번 돈으로 계산을 했다.

   게살을 넣어 만든 이유식을 받아 먹던 아기 주원이가 홍게 다리 살을 스스로 파먹는 어린이로 자랐다. 여기까지 키운 나 자신이 대견하고, 도와준 모든 사람들에게 감사하다. 또 이유식을 만들 때는 내가 다시 꿈을 꿀 수 있을까 싶어 막막했는데 지금은 꿈이 많아져서 감사하다.

[나가며]

  이제 초등학교 5학년이 된 주원이를 바라보고 있으면 그림 속 어린 주원이가 그리울 때가 많다. 그때는 언제 나에게 자유가 생기려나, 주원이가 언제쯤 내게서 떨어져 스스로 무얼 할 수 있으려나 스트레스를 받았는데, 이제는 곧 주원이가 내게서 정말 독립을 하겠구나 싶어 슬퍼지기도 한다. 과거를 그리워하고, 미래를 두려워하며 현재를 즐기지 못하는 모습인 듯하다.

  매달 한 장씩 그림을 그리는 것을 목표로 삼아 성실함과 꾸준함으로 약간의 강박을 가지고 그림을 그렸다. 그렇게 96장의 그림을 남겨둔 것이 얼마나 다행인지 모르겠다. 그 당시의 주원이를 추억할 수 있어서 좋다. 만 120개월이 지난 후부터는 특별히 그려주고 싶은 꺼리가 있을 때 그리기로 했다. 이제 날 좀 자유롭게 놓아주는 느낌으로. 앞으로의 주원이 그림은 여행 기록이 될 것 같다. 주원이랑 얼마나 더 여행을 갈 수 있을까.

돌아보니 힘들지 않은 순간도 없었고 기쁨이 없던 순간도 없었다. 주원아 그동안 크느라 고생했고, 배소야 그동안 주원이 키우느라 고생했다. 주원이를 사랑해주는 모든 가족들과 주원이를 예뻐해준 모든 사람들에게 감사하다.

그리고 마지막으로 아이를 기다리는 사람들에게, 그리고 아이들을 키우고 있는 사람들에게 모두 응원의 마음을 전하는 바이다.

매달 아이를 그립니다
한 달에 한 장씩, 그림으로 아이를 기록하다.

초판 1쇄 발행 2025년 9월 9일

지은이 배소현
디자인 김수민
펴낸곳 오늘의 기록
출판등록 2022년 2월 14일 (제 2022-000013호)
ISBN 979-11-987562-9-9 (13650)
이메일 baesohyun_record@naver.com
Copyright ⓒ 배소현, 2025
값 17,000원

* 이 책의 전부 또는 일부를 재사용하려면
  반드시 사전에 저작권자의 동의를 받아야 합니다.
* 잘못 만들어진 책은 구입한 곳에서 교환해 드립니다.